JN419228

아주, 낭만적인 고독

아주,
낭만적인
고독

김세련 두 번째 시집

청옥

작가의 말

　시를 쓴다는 것은 제 안에 감춰둔 비밀을 세상과 나누는 일입니다.

　삶이 고단하고 마음이 메마를 때마다 시는 저를 살게 하는 힘이었고 조용히 곁에 앉아 위로해 주는 벗이 되어 주었습니다.

　이 두 번째 시집은 따뜻한 위로를 모아 엮은 작은 바구니입니다.

　그 안에는 지난 시간의 기쁨과 눈물,

　그리고 다시 살아가게 하는 희망의 빛을 담아두었습니다.

　부족한 언어일지라도 독자 여러분의 마음에 스며들어

　초록빛 잎새 하나 피워내고

　하루를 조금 더 환하게 밝혀주는 햇살이 되기를 소망합니다.

김세련

차 례

제2부 생각에 베여도 아픈

제 3 부 휘파람 소나타

제 4 부 관계를 재설정합니다

제 5 부 아등바등

11

^제**1**^부

그늘의 바깥

생각의 창문을 내다

닫힌 문을 두드리면 당신도 열릴까
내 마음에 열어둔 창문처럼

마음먹기에 따라
빛과 바람을 초대하기도 거부할 수도 있는
닫혀 있어도 언제든 열릴 수 있는
나를 드러내지만 완벽하게 가릴 수 있는

귀를 틀어막는 완벽한 은둔지에서
속삭임이 노래로 흘러나오는 투명한 입술로
그대, 얼마나 변덕스러운지

투명한 눈으로 세상을 품은
단절이며 소통인 이 모순적 이중성으로

그늘의 바깥

창밖의 슬픔을 가슴에 들여놓는다는 것
그건 가끔 마음을 씻어주는 대가로
편히 머물 수 없는 무게를 짊어지는 일

베여 본 사람만이 아는 아픔의 칼날
자존심의 가시면류관을 쓰고
눈물을 위안 삼아 살아가야 한다는 일

아직은 그늘지고 쌀쌀한 당신의 바깥
서로의 온기로 따스하던 한때를 기억하며
침묵의 거리를 하릴없이 떠도는 일

얼음꽃으로 피어나는 당신의 미소
차가운 바람 속에 얼마나 더 아파해야만
이 상처를 놓아줄 수 있을까.

비탈에 심은 꿈

비탈진 곳에 눌러앉은 가난
노상 관절염을 달고 사는 산동네 골목길은
노인의 주름처럼 침침하고 허전하다

낡은 담벼락 너머로 가래 끓는 소리
다닥다닥 붙은 집들은
서로가 측은해서 어깨를 토닥이곤 한다

허물어진 담 너머로 엿보이는 누군가의 하루
기진한 표정의 귀가를
김치찌개 냄새가 마중 나온다

골목 어귀의 작은 화분에는
이름 모를 꽃이 위로한답시고 피니
그나마 허전함이 덜하다

어둠이 내리는 산허리 비탈마다
듬성듬성 켜지는 불빛이
이빨 빠진 노인처럼 히죽거린다

겨울 설악산

눈 꽃송이 춤추는 설악의 추억
하얗게 뒤덮인 숲길
뽀얀 숨결 새근대는 낭떠러지에서
수직의 경이로움을 올려다본다

바람결에 정처 없는 눈송이는
유목민이 방목하는 양 떼들
겨울 산 올라서서
세상 번잡함 잠시 잊는 한 때이다

순결한 기도가 소복소복 쌓인 곳에서
나를 잠시 잊는 무아의 황홀
겸허를 경험하는 설악의 위용 앞에
작은 돌멩이 하나의 무게로 선다

비 오는 날의 수국

비 오는 날의 정취를 품은
설레는 사랑의 분홍
맑은 바다가 출렁이는 파랑
우아한 아련함의 보라
순수한 마음을 담은 하양
이슬비에 다양한 색상으로 함초롬히
마음 사로잡는 꽃숭어리들

수국꽃마다
오달지게 수북이 담아 겨운 사랑
그 진심이 가상해
비 그치면 선명한 무지개로
내 그리운 맘 대신할까

목어木魚의 울음

산사의 적막을 깨우는
목어의 둔탁한 울음소리가 마음을 헤집는다

잔물결 일렁거리는 마음에
언뜻 보였다가 이내 자맥질하는 번뇌
아무리 들여다보아도 근원을 알 수 없다

살아있는 듯 스며든 세월의 숨결
고뇌와 집착을 텅 비운 무욕無慾의 울림으로
물속에 있지 않으나 흐름의 오묘한 이치를
입 없는 나무가 전파하고 있다

세상에 말씀보다 더 진한 여운의 파동으로
보이지 않는 근심을 비우라는 듯
먼저 제 속 훤히 내보인 목어
범어사 푸른 숲을 자유로이 유영한다

일확천금의 꿈-다단계

반짝이는 말들의 황금빛 약속
한 걸음만 내디디면
눈 앞에 펼쳐질 확신의 미래
예약된 빛나는 자리에 설 줄 알았다

유혹의 사슬에 엮인 꿈
쉽게 얻으려 한 달콤한 열매는
딱 한 입만을 허락하곤
신앙과도 같은 믿음을 제물로 삼았다

평범하고 절실했던 사람들 사이의 신뢰가
숫자와 계급으로 갈라졌고
이익 뒤에 숨은 웃음이
날카로운 칼끝이 되어 치명상을 입혔다

부질없는 원망과 욕망의 흔적만이 남아
무너져서야 비로소 깨닫는다
손끝의 욕심이 아닌
땀방울이 진정한 빛을 품고 있음을

가을밤, 너의 안부

빈 둥지에 바람만 기웃거려
정겹던 시간의 흔적 더듬어 볼 때마다
간절해서 더 서러웠던 언약
서릿발 서늘히 돋는 새벽이 희붐하다

가로등 바지랑대 삼아 널어놓은 시름
불면의 눈빛 초롱초롱히
온 길 되돌아가 놔두고 온 나를 만나니
바랜 시간 속에 뿌리내린 허전함이 어쭙잖다

외진 곳에 슬쩍 흘려두고 가는 네 이름
바람에 쓸릴 때마다
말문 닫은 달빛과 눈 마주칠 때마다
문득, 너의 안부가 궁금해지는

기도를 깨우기만 하고 응답하지는 못한
새벽 종소리가
무력감에 부르르 몸을 떤다

생의 항해

아스라이 펼쳐 보이는 수평선 너머
때로는 거칠게 몰아치는 파도
운명의 항로를 지키는 조타수로
별빛을 나침반 삼아
어둠 속에서도 길을 찾아 항진한다

인생은 끝없는 바다
난파의 두려움과 미지의 희망 사이로
예측할 수 없는 바람이 불면
의지의 돛을 올리고
인생의 파고에 마음과 몸을 맡긴다

저 먼 곳에 희미한 빛
그것이 꿈일지 현실일지 알 수 없어도
표류하지 않기 위해서는
변화무쌍한 인생의 바다에서
굳건한 신념의 눈을 부릅떠야 한다

찔레꽃 안부

찔레꽃 들여다보면 아련해지는 마음
연분홍빛으로 물든다

가시 돋아 그리움에 찔리는 봄날
무심한 봄바람에 취한 향기조차 부끄러워
꽃 덤불 속에 숨겨두고는
모른 척, 애꿎은 바람만 탓한다

상처로 상처를 쓰다듬으며
더는 아프지 않기를 바라며
찔레꽃 너머로 띄우는 먼발치 안부

바람에 실려 닿으려나
꽃잎처럼 향기롭게 조심스레

고갈비집

석쇠 위 고등어가 벗어낸 비린내를 살짝 태운다
실한 갈비뼈에 갇힌 통통한 살점들
바다의 푸른 등이 노릇노릇 노을빛으로 익는다

막걸리 한잔에 불콰하게 피는 수다스러움
시는 시만 이야기하고
사랑은 사랑만 이야기하고
이별을 이별만 이야기하느라 바쁜,
섞이지 못한 목소리 속에서
용케도 대화의 흐름은 끊기지 않는다

그 무엇보다 더 뜨거운 한 토막의 살점
바다의 푸른 등에서 읽어내는
생의 절절함이 맛있게 구워지고 있다
엉겁결 석쇠 위에서

당신의 저녁

골목 쏘다니며 흙먼지 누비는 바람
아이들의 웃음이 떠나면
어슬녘 소슬함이 슬며시 찾아온다

따뜻한 품에서 새들은 깃을 접고
아이의 울음도 따뜻해져
엄마와 체온의 온기를 나눈다

어둠은 안식을 위한 또 다른 배려
열등과 결핍을 감춰주고
치열한 경쟁이 남긴 상처를 치유하는

식탁에 앉아 하루를 정리하는
이 순간만큼은
아무것도 하지 않아도 괜찮다

통도사 가는 길

산사의 고요를 깨지 않으려는 듯
순리를 거스르지 않고
섭리를 따라 스스로 길을 내며
무심으로 흐르는 통도천
세월도 그저 흘러만 가더라

무풍한송로에 스치는 바람
비록 보이진 않아도 느낄 수 있듯이
현상에 집착하지 않으면
번민과 힘겨움도 곧 지나갈 것이란
깨달음을 흔들고 가더라

무심히 흐르는 시간 속에
남겨진 것은 오직 자연의 숨결뿐
잡을 수 없는 욕심과 미련 흘려보내며
통도사 가는 길
천년의 시간은 그렇게 흐르더라

물처럼 바람처럼…

한여름 밤의 꿈

잠의 늪으로 은밀히 빠져들면
별빛의 목마름에 고요의 내밀한 속살이
가만히 마음의 창을 닫는다

그리움 자맥질하여 꿈결 속 유영하고
지친 영혼은 잠시
치유의 쉼터에서 숨 고르기를 배운다

그리움이 어룽진 밤하늘 아래
조용히 내리는 달빛
애틋한 마음을 오래도록 어르고 있다

어둠과 빛, 그리움과 위로의 경계에서
솔깃한 한여름 밤의 속삭임

상사화의 염원

어떤 운명의 따옴표였을까

모든 물음표와 마침표 사이에서
길을 잃은 듯
흔들리면서도 내려놓을 수 없는 염원
그 무게에 휘청거리기도

이루지 못하는 이연異緣의 설움이
붉은 깃발로 휘날린다
사모의 끓어 넘치는 뜨거움은
너를 향한 절박한 소망
뿌리로부터 푸르게 돋기까지 유효하다

고요한 틈새에서 끊어질 듯 이어지는
바람의 선율 속에
상상은 허공으로 한 발자국
붉은 정수리를 향해 뻗어 나간다

중년의 가을이란

희끗희끗한 귀밑머리 넘기는
갈바람 산들산들
중년의 마음도 가을에 물들어
뒤적인 어쭙잖은 낭만

마음의 갈피에 간직된
너의 웃음으로 빛나던 세상
그때가 그리워
아련한 추억 속을 거니네

너만으로도 충분했던 행복
참깨 털 듯 쏟아지던
웃음소리 아득히 메아리치는데
은빛 억새로 흔들리고 섰네

삶의 불씨

날 선 돌부리에 몇 번이나 채이며
험난하게 걸어온 길
그 상처로 버티는 법을 배웠으매
아픔마저 감사였다

기대의 착시로 어긋나던 관계 속에서
의지의 심약한 숨소리
작은 불씨를 꺼뜨리지 않기 위해
고군분투한 몸부림이었다

위태롭던 인생의 너덜길에서
흘린 땀과 열정은
헛된 노력이 아닌 인내의 산물이었기에
생의 담금질로 더욱 단단해졌다

불씨가 불잉걸로 활활 타오르고
어둠을 밝히는 횃불이 되어
나아갈 길을 밝혀 주리란 믿음 하나로
주저함 없이 오늘을 맞이한다

복수초의 신념

잔설의 틈새 비집고 핀 복수초
노란 꽃망울이 햇살 받아 미소 짓는
몽환의 시간 속에서
시린 손길로 안아주는 슬픔이 있더라

맨몸으로 겨울의 시샘 받아내며
따스한 체온으로 녹이는
거부할 수 없는 사랑의 확신
오랜 시련을 끝끝내 견디게 하더라

아직 시린 바람 떠날 기미 없어도
노란 꽃망울은 언 맘 녹이는 불빛으로
복수초의 가녀린 소망 밝히니
아련한 네 모습을 찾아 헤매게 하더라

제2부

생각에 베여도 아픈

생각에 베여도 아픈

생각에 마음 베일 때마다
붉은 동백
뚝뚝 떨어지는 동백섬을 찾는다

따뜻한 환대가 딴 뜻을 품어
늘 상처를 남기곤 했지
차라리 겨울바람이
사랑을 더 붉고 선연하게 했음을

애초부터 시린 운명
품은 생각만으로도 아픈 사랑아
끝내, 붉게 뜨겁게 진다

부산, 또 다른 고향

거친 억양이 투박한 정이란 걸
알아차리기까지
비릿하기만 했던 바다 내음

돼지국밥 한 그릇의 포만
밀면의 시원한 유혹
이젠 서울내기의 일상이 된다

자갈치의 펄떡이는 활기 속에
인생을 배우니
툴툴거려도 속 깊은 정이다

해운대 파도가 속삭이고
광안대교 불빛에 꿈이 노닐면
사랑하는 이와 마냥 걷고 싶다

서울말이 간질간질하고
목청 큰 부산 사투리가 정겨운 걸 보니
우짜노 인자는 부산사람 아이가?

멈춤의 미학

빠르게 흘러가는 시간 속에서 마주하는 해야 할 일, 가야 할 곳, 도달해야 할 목표들. 그렇게 바쁘게 걸어가다 보니, 누군가 건넨 미소도, 길가에 피어난 작은 꽃도, 나를 바라보는 따뜻한 눈빛조차 스쳐 지나가기 일쑤였다. 삶은 언제나 속도를 강요했고, 나는 그 속도에 적응하는 법만 배웠다.

문득 발걸음을 멈춘 의도하지 않은 정지, 혹은 내면의 조용한 저항이었을까. 멈춰서자 보이지 않던 것들이 눈에 들어왔다. 나뭇잎이 바람에 흔들리는 소리, 오후의 햇살이 창가에 머무는 방식, 차 한 잔에서 피어오르는 김처럼 사소하지만 따뜻한 풍경들. 무엇보다도 내 안에서 자꾸만 밀쳐두었던 감정들이 말없이 얼굴을 내밀었다.

멈춘다는 것은 단지 발을 멈추는 것이 아닌 나를 둘러싼 세계를 다시 보고 내 마음을 조용하게 들여다보는 퇴보가 아니라 깊어짐이다. 당연하게 여겼던 일상의 조각들이 얼마나 소중한 선물들이었는지를 깨닫게 하는.

'멈춤'은 나약함이 아니라 삶을 더 잘 살아내기 위한 지혜라는 것을 이제야 조금씩 알아가고 있다.

오리무중五里霧中

머리 손질하는 잠시
손목에 걸어두었건만 머리끈
어디로 사라졌는지
곰곰이 생각을 더듬는다

책상 밑 소파 틈
눈 부릅뜨고 찾아도 흔적조차 없으니
공들여 매만진 머리카락
봉두난발 흐트러져 얄궂다

늘 곁에 있어 잊는 사소한 것들
잃어버리고서야 아는
새삼스러운 필요의 가치를
작은 머리끈 하나가 일깨워준다

익숙함으로
아무렇게나 둔 자질구레한 것들이
얼마나 요긴한 것인지를…

인생의 향기

행복은 우연이 아닌
삶을 가꾸는 연습의 열매
덜 아픈 사람이
더 아픈 이를 감싸 안을 때
세상은 한층 따뜻해지리니

마음속 번민의 앙금 가라앉히고
긍정의 숨결로 채우면
사랑은 향기롭게 꽃으로 피어
온유한 미소가
세상을 아름답게 하리니

바쁜 걸음 잠시 멈추고
삶의 여유를 음미하는 하루
헤이즐넛 향처럼 은근한
마음의 온기를 함께 나눈다면
정녕, 오늘이 버겁지만은 않으리

새벽의 설렘으로

어슴푸레한 어둠 끝
여린 햇귀 하나
조심스레 마음을 두드린다

좌절과 시련 속에서
다시 일어서는 신선한 용기는
나를 키우는 힘이 된다

어제의 무게를 털고
새로이 피어나는 숨결
설렘은 가슴속 첫 햇살이 된다

오늘을 희망으로 딛게 하는
또 하나의 가능성
그 자체로 충분히 찬란하다

봄까치꽃

행여 무심결에 밟을세라
조심스러워진다

무수하게 쏟아진 푸른 별
관심으로 바라봐야만 웃어주는
앙증맞은 살가움
크고 화려하지 않아도 참 좋은

연약하고 작은 꽃잎들
내 거친 발걸음에 다칠까 봐
숨결마저 낮추고
말 한마디도 가만히 놓는다

너를 보기 위해선
허리 굽히는 겸손이 우선이다

입관체험-잠시, 죽음을 배우다

움직임이 멈춘 상자 속 갑작스러운 정적 낯선 어둠에 오르
내리던 숨결마저 갇힌 듯, 얇은 벽 너머 세상은 멀어져간다

닫힌 공간의 정적 속 주마등 같은 인생이 다만 홀로 남겨진
다는 공허가 참회로 누운 시간
순간 명료해지는 삶의 이치, 두려움조차 평안하다

마침내 열리는 관뚜껑, 느릿하게 다가오는 빛줄기, 굳었던 몸
갇혔던 숨 터져 나오며 일상의 의미가 새삼 한 줄기 빛처럼
스며든다

일상으로 돌아온 지금
작은 떨림으로 남아 삶의 소중함을 일깨우고 있는 닫힌 공
간의 묵음默吟

지금이 가장 눈부신 것임을 죽음으로부터 배운다

영축산 자락에서

녹음과 어우러진 영축산
천년의 좌선으로
여유로운 기품의 자태이다

세속의 허물을 벗어내고자
찾아든 산사
부처님 앞에 경건하게 합장한다

집착 없이 스쳐 가는 바람
번뇌와 근심 비우라는
낭랑한 풍경소리가 법문이다

진흙에 발을 묻고도
고결한 자태 피워낸 백련
머문 곳을 탓하지 않는 깨달음이다

노승의 깊은 눈빛에 담긴
허허로운 무심無心이
가슴에 박혀있던 가시를 뽑는다

동백꽃 낙화

붉디붉은 심장 하나
소리 없이, 툭
이승의 끝자락에 닿는다

바람결에 일렁인 마음
햇살 속 그리움마저 붉고
푸르른 잎새 끝
찬란했던 선홍의 순간들

마지막이라는 말조차
새삼스레
동백은 지고
아무 일 없던 듯 고요한 세상

아름다웠기에 더 애틋한
이별의 몸짓
그 자리에 남겨진 향기만이
한 송이 붉은 마음으로 남는다

노년이라는 예술

세월의 붓이 그려낸 깊은 주름
굽은 어깨, 느린 걸음
오랜 풍상에도 꺾이지 않은 중심엔
고목 같은 당당함이 있다

묵묵히 걸어온 날들이
주름진 얼굴 위에 새겨놓은
한 편의 서사시
인생의 희로애락이 담겨있다

성자의 얼굴처럼 평온한
잔잔한 미소에 담긴 너그러움
켜켜이 쌓인 삶의 지혜가
느린 걸음의 여유로 충만하다

노년, 그것은 천천히 완성된
하나의 예술
시간이 빚고 삶이 색을 입힌
가장 위대한 걸작이다

생각의 퍼즐

어긋난 톱니바퀴처럼
꿈결 맴도는 무의식의 미로
어둠 속 웅크린 기억들
허상의 그림자로 어둑서니 섰다

흑백 감정의 모퉁이에서
어른거리는 너의 이름
생각은 늘
엉켜 있는 실타래이다

내 안에 있을지도 몰라
망각의 조각을 조심스레 꿰어도
완성하지 못하는 퍼즐
예민한 상념에 베이곤 한다

정처 없고 불확실한 것들이
서서히 제자리를 잡아
생각의 퍼즐을 완성하기까지
지루함을 견디는 것이 우선이다

미용실 가는 날

쨍한 햇살에 마음까지 환한 아침
나를 위한 변화의 기대가
설레는 발걸음을 재촉한다

거울 속에서 마주하는 익숙한 권태
기분 좋은 변화를 예감하는
향긋한 약품 냄새와
두피를 스치는 가위질의 감촉이다

드라이어 바람에 실리는 만족감
가벼워진 마음으로 나서
거리의 유리창에 비춰보는
더 환하고 자신감 넘치는 모습이다

일상 속 작은 변화가
이토록 큰 행복을 주는 날
한결 더 아름다워진 내 모습이다

봄, 산에 들다

침침한 겨울빛 걷어내는
연초록 물결
능선 따라 흐르는 부드러운 바람
잠든 계곡 깨우고
봄 노래 부르는 물소리 정겹네

하늘을 우러르는 봉우리들
산자락에 무리 지어 핀 철쭉의
한껏 상기된 미소
상서로운 기운이 번져
감도는 향기 예사롭지 않네

영원을 꿈꾸는 불변의 이치가
자연의 품에서 태동하니
풀 내음에 숨 고르고
꽃망울 터지는 봄의 기척
어찌 벅찬 가슴에 담지 않으랴

외가댁 대추나무

붉게 물든 대추 열매
탐스러운 유혹의 빛깔에 이끌려
다가가 딴 대추 한 알

입안 가득 은은한 단맛
오독오독 행복이 씹히는 기분
깊고 오묘한 맛이로고

항상 모자람 없던 할머니 품의
따스하고 풍성한 기억
가을날 풍요로 담아내누나

이빨 빠진 할머니의 입처럼
쪼글쪼글 마르면
더 달콤해지는 사랑이려니

가지 휘도록 매달린 대추 알
두고두고 군것질할
외할머니의 추억이라네

봄날의 산사

햇살 한 줌에 계절 곰삭아
산사의 돌담 위로 내려앉고
비움의 넉넉함을 품은 산자락에
초록의 기운 번진다

들꽃 향기가 은근히 감돌고
풍경 소리에
가볍게 흩어지는 잡다한 생각들
초록 숲 사이 금낭화는
소박한 꿈을 매달기에 여념 없다

색 바랜 기억의 여운이
사금파리 같은 빛의 웃음으로 피어나
겨우내 시렸던 마음 쓰다듬는
아지랑이 어른거린다

엄마 자리

낡은 사진 한 장 속 환하게 웃는
엄마의 젊은 시절
볼 감싸주시던 손의 감촉
나지막이 불러주시던 그 목소리
이제는 희미한 기억의 조각들이다

불 꺼진 식탁에 멍하니 앉아있자니
문득 밀려드는 그리움
누구도 대신할 수 없는 따스한 품
다정스러운 손길에
어둠 속에서도 늘 안심했었지

마음에 맴돌기만 하고 나오지 않는
보고 싶다는 말 한마디
어둠 속에서 도란거리던 엄마 음성
지금 내 곁에 계신다면
어떤 이야기를 들려주었을까

제3부

휘파람 소나타

휘파람 소나타

누구입니까
겨울 정장을 입고서 휘파람을 부는 이
들녘에 외롭게 서서
노스텔지어를 노래하는 이 누구입니까
바람의 변주곡에 싫증이 났다면
휘파람 소나타로 가볍게 쓸쓸함을 즐기세요

나뭇가지 현이 내는 휘파람 소리로
충분히 감동을 주는 겨울
앙코르는 외치지 않아도 되지만
쓸쓸함마저 음악이 되어
텅 빈 풍경을 위로하고 있다는 건
꼭 기억했으면 합니다

웃음 한 조각

햇살 담은 호박
얇게 저며
밀가루옷 살짝 걸치고
기름 팬에 지글지글

노릇하게 익어가면
호호 불어 한입 넣어주시던
호박전
노란 웃음 한 조각

오늘 문득 그리워지는
호박전 한 접시
세상에서 제일 좋았던
우리 엄마!

금계국-노란 바람개비

햇살 한 줌 입맞춤하는
환한 미소 머금고
빙글빙글
작은 행복 안고 도네

어린 소녀의 노란 치맛자락에
순수한 설렘 물들어
들판 가득
바람개비로 희망을 돌리네

삭막한 마음에
금계국 가득 피어나면
동화 속 소녀가
초원에서 빙글빙글 춤추네

새우깡, 갈매기를 낚다

태종대 등대 앞에서 탄 유람선
출렁이는 물결
뱃머리에서 부서져 물거품이 인다

뒤따르는 갈매기 날갯짓
선장님의 해설에 잔뜩 흥이 돋고
뱃멀미 걱정은 잊은 지 오래다

쭉 뻗은 팔 손끝 새우깡 노리며
모여드는 갈매기 떼
바닷바람 따라 줄을 선다

새우깡을 낚아채는 날렵함에
함박웃음의 추임새
갈매기 떼 현혹한 죄를 어이하나

설원의 빛

밤새 내린 눈
발자국 없는 은빛 침묵 속
태양은 금빛 숨결
설원에 슬며시 내려놓는다

얼어붙은 가지마다
수정처럼 박힌 햇살 비늘
눈부셔 감은 눈이
세상 비밀 엿듣는 듯하다

자연의 신비 햇귀에 꿰면
온통 눈부신 은빛의 차갑던 환상
따스한 입김으로 녹여
겨울 동화 한 편을 완성한다

그중 제일은 사랑

세상 귀한 것 많다지만
정녕 귀한 건
기쁨도 슬픔도 함께
감싸 안는 따스한 마음

빛나는 지식과 타오르는 열정
굳건한 믿음조차
사랑 없이는
공허한 메아리의 다짐일 뿐

오래 내 말을 들어주며
상처마저 껴안아 주는 진정함으로
서로에게 가장 큰 힘이 되는
빛나는 사랑이 바로 당신이기를

사철 푸른 잎–대나무

비바람 동장군 기세에도
사철 푸른 기상
타협하지 않는 곧은 직립

비어 있음은 가벼움이 아니라
결핍을 인내하겠다는 결심
높이 자라는 것은 오만이 아니라
하늘을 우러르는 기상

변치 않는 기개
강직한 선비의 혼으로
세월 품어가니
나 또한 그리 살고 싶어라

가을 햇살 아래 구절초

밭두렁 돌담 사이
누구 하나 눈여겨보지 않아도
한 뼘의 순정으로 서서
묵은 햇살 꿰어
수놓는 연보랏빛 그리움이
가만히 고개 끄덕일 뿐

허리를 낮춘 가을볕으로 스며
아홉 마디마다
사뿐히 내려놓는 시름이기에
해묵은 기다림에도
한 번도 자신을 드러내지 않던 꽃
웃는 모습 수더분하다

다대포 낙조

잔잔한 파도마저 붉게 물들이는
노을빛 황홀하게 번지면
그 빛에 기대어 물끄러미 바라본다

수평선 너머로 번지는 빛의 여운
마음 깊숙한 곳
왠지 모를 그리움이 일렁인다

붙잡고 싶었던
놓아버려야 했던
아쉬움으로 남겨둔 숱한 순간들

모래톱에 물결문양으로 남긴
해독하지 못하는 순수
쓸쓸한 발자국 낙관이 선명하다

말의 아픔

칼날처럼 벼린 익명의 비방
가슴 깊이 파고든 날카로운 통증
마음에 선혈이 낭자하다

따뜻한 위로의 가면 뒤에 숨긴
날 선 조롱의 비수
아무렇지 않게 내뱉은 한마디가
경멸의 낙인을 찍는다

나를 옭아매는 슬픈 그림자
난무하는 추측 속 길을 잃은 채
홀로 남겨진 섬
고립된 채 침묵에 휩싸인다

유배지까지 밀려온 짭조름한 소문이
철썩거릴 때마다
아물지 못한 상처가 따갑다

매화, 향기로운 도취

찬바람의 시련 이겨내고
피어난 마음의 꽃
지독한 외로움 다스리며
언 뺨을 녹인다

외면의 싸늘한 틈 사이
홀로 선 지조
인생의 겨울을 건너온
영혼의 맑은 숨결이 맺힌다

심한 몸살 끝에 맺힌 꽃망울
가장 먼저 피어 희망을 속삭이고
무심한 세상에도
살아야 할 이유를 건넨다

때론 얼어붙은 날들 속
마침내 피워내는
절절한 생명의 몸짓 앞에서
자꾸 부끄러워지는…

상추쌈을 싸다가

친구 집 뒷마당 귀퉁이에 심은 상추
수시로 이파리를 따
쌈 한 상 푸짐하게 차려내도
새 이파리 돋아 싱글벙글한단다

인심 좋고 너울가지 좋아
무엇과도 어우러지니 비벼도 좋고
크게 쌈 싸주는 정
오물거리는 입 미어터져도 좋다

인생 넋두리도 쓱쓱 비비고
친구들과 수다도 한 쌈
풋내나던 추억도 한입 가득
단출한 밥상이 금세 진수성찬이다

아낌없이 내어주고도
흐뭇하게 머금는 파릇파릇한 미소
인생의 매운맛도 감싸주고
행복도 쌈 싸주는 상춧잎 닮고 싶다

아파트 숲 달빛소나타

높은 회색 숲 사이
조각구름 숨바꼭질하는 밤
어둠 내려앉는 아파트
음계처럼 켜지는 창문 불빛

문득 올려다본 밤하늘
달빛소나타의 즉흥 연주에
감성적인 백목련
꽃잎 박수가 쏟아진다

모두 고만고만한 피곤함
16분쉼표에 잠시 한숨 고르면
객석 채우듯 주차장은 만석
하나둘 불빛 악보가 펼쳐진다

마음의 감기

마음이 잔기침하는 날
익숙한 노래를 흥얼거리다가
괜스레 도지는 눈물
애써 훌쩍이는 멋쩍은 웃음이다

낯선 곳에 혼자 남겨진 채
열나고 쑤시는 마음
진단서도 쓸 수 없는 이 병
외로움이 심한 몸살을 앓는다

아주 천천히 듣는 시간이라는 약
그때까지 조금 아파도 괜찮아
그래야 낳는 마음의 감기
얼마 후엔 훌훌 털어버릴 테니

김밥

하얀 쌀밥 포근한 이불 속에서
알록달록 속 재료들
색색 모양 어우러져 춤을 추지

참기름 솔솔
고소함에 한입 베어 물면
다채로운 맛의 향연 펼치지

둘둘 말린 소풍날 설렘
엄마의 따뜻한 마음
김밥 속에 모두 담겨있었지

김밥천국에서 시킨 김밥 한 줄
엄마 생각에 목이 메
포장해서 식당을 나서곤 하지

낙동강, 물결로 거닐다

굽이굽이 낙동강 푸른 숨결 따라
무한의 시간이 물결지고
은빛 모래톱 위 눈 부신 햇살
갈대를 어르는 강바람
물새 소리에 발걸음 한결 가볍다

생의 터전에서 생명의 젖줄로
어머니처럼 은혜로운 강
한 줌의 흙도, 한 방울의 물도
생명을 품어 키우니
유구한 역사인들 안 품었으랴

별빛이 쏟아지는 밤이면
누군가의 꿈을 치마폭에 담을까
생의 숨결이 머무는 강변
번잡한 마음 다스리며 걷노라니
검푸른 물빛만 무장무장 깊다

히아신스

봄의 뜨락에 향기롭게 눈뜨는 히아신스
사랑의 숨결 품고
다채로운 빛깔로 감성을 수놓는다

보랏빛 너머로 피어오르는
호기심 가득한 속삭임
비밀을 품은 봄날의 전령이다

신화 속 슬픔 간직했지만
비극을 초월하여 피어나는 생명력
그 안에 담긴 강인함이 아름답다

삶의 고통도 꽃이 될 수 있다고
눈물 속에서도 다시 피어날 수 있다고
사부자기 귀띔한다

난초-어느 여인의 초상

그윽하게 전해지는 향기
바람조차 조심스레 스치는 곳에서
늘 한 발쯤 물러선 겸손으로
세상의 번잡을 등지고 선 여인아

수묵화 한 폭 속 농담濃淡으로
흐리지도 짙지도 않은
절제된 선율로 살아온 흔적
곡선의 획이 우아하다

에움길 돌아와 피는 마음처럼
조급함이 없는 꽃
흐트러짐 없는 단아한 기품
나 또한 이리 의연할 수 있기를

제**4**부

관계를 재설정합니다

관계를 재설정합니다

다 써버린 배터리로
제 때에 수신되지 않는 통보
주파수는 뒤섞이고
생생한 언어는 자꾸 시든다

오래 사용했던 전자기기처럼
버퍼링의 머뭇거림
관계란 완벽한 연결이 아니라
잦은 오류를 인정하는 일이다

모든 걸 지우는 초기화
화면에 이름을 다시 입력하는
인식의 전환
그와의 관계를 재설정합니다

담쟁이

붙잡을 틈만 있다면 추락의 공포를 잊고
한 줄기 바람도 밟고 올라서
허공에 매달리는 무모한 실행의 아찔함이다

모방하는 누군가의 길이 아닌
포기한 적 없는 제 의지의 분방함으로
도달의 높이는 손 닿는 만큼이다

어떤 밑그림도 없는 허무의 벽
줄기마다 하나씩 이어 붙이는 이파리
담담히 뻗어가는 초록의 인내이다

그 끝이 어디든 멈추지 않는 몸짓
누구도 주목하지 않는 자리에서
제 존재 이유를 증명하는 담쟁이다

불면을 자청하는 봄밤

꽃 피는 소리조차
너무 선명해 잠들 수 없다

라일락은 향기에 겨워
잠들지 못한 이름 하나 불러내니
한 줄 시도 아닌
유행가의 사랑 타령 한 소절
목젖에 걸린다

기꺼이 자청하는 불면
갱년기의 걷잡을 수 없는 열기가
꽃망울로 자꾸 부풀어
앞마당 라일락꽃 헤실헤실 웃는
봄밤이다

박꽃 피면

초가지붕에 피는 순백의 박꽃
보름달 휘영청
그리움도 고와라

어머니 품처럼 정겨워
웃어도 좋고 울어도 괜찮을
소박함이 좋아라

인생 바가지마다
남몰래 담아두었던 응석
눈물겹지만 행복해라

광안대교, 빛으로 건너다

짙푸른 밤 검은 비단 위
길게 누운 은빛 실루엣
수많은 불빛
밤을 화려하게 수놓네

다이아몬드 브릿지
허공을 질주하는 빛의 향연
광안리의 야경
황홀한 그림 그려내네

잔잔한 파도 시원한 바람결
밤이 깊어갈수록
견고해지는 빛의 다리
수시로 꿈의 통로가 되어주네

보랏빛의 숭어리

넝쿨마다 송알송알
짙푸른 잎새 아래 숨어 익어가는
탐스러운 포도 알갱이

햇살 머금은 보랏빛 향기
산들거리는 바람결에
달콤한 유혹 속삭이누나

농부의 땀방울 맺힌
풍요한 선물
입안 가득 번지는 상큼한 과즙

자연이 빚은 보랏빛 보석
탐스러운 자태에
행복한 미소가 넌출지누나

유채꽃 핀 남지에서

드넓은 남지의 강변
봄바람에 일렁이는 황금 물결
유채꽃의 눈부신 향연이다

온 세상 환하게 밝힌 꽃등
탐스러운 꽃송이 찾는
꿀벌들 노랫소리 흥겹다

유채 향기 향긋하니
마음 설레게하는 노란 물결
감성의 소녀가 여기 있다

청도 프로방스

어둠 내린 밤하늘
쏟아진 수억 개의 별들
색색의 작은 불빛
동화 속 풍경으로 인도한다

사랑하는 이들 속삭임
낭만적인 밤의 멜로디
불빛 옷을 입고 반짝반짝
환상의 세계가 펼쳐진다

빛의 언어로 쓴 황홀경
시간이 멈춘
꿈결 같은 동심의 세계
마법에 헤어나고 싶지 않다

아름다운 야경
한동안 잊히지 않겠다

판다 쿠바우의 매력

검은 눈 패치 둥근 얼굴
대나무 숲속 귀여운 친구
세상 걱정 없이 늘 평화롭다

아삭아삭 냠냠
나무 위에서 졸고 풀밭 샤워까지
느긋한 몸짓이 사랑스럽다

쿠바우는 모든 이들에게 행복의 상징
작은 발로 움켜쥐고 오물오물
대나뭇잎 씹는 모습이 앙증스럽다

순한 눈빛에 장난기 가득한 몸짓
위로와 안정을 주는 존재로
우리네 사랑을 독차지하고 있다

어머니의 남새밭

화선지에 물감 번지듯
들녘 가득 연둣빛이 번지면
아궁이의 재 뿌린 남새밭엔
푸성귀가 기를 쓰고 솟아납니다

상춧잎을 뜯으며
햇살처럼 웃는 어머니
그 손길엔 흙내보다 더 깊은
사랑이 배어 있었습니다

당신의 사랑 실컷 쌈 싸 먹어도
다음날이면 또 푸르게 돋는 상춧잎
내 마음 넉넉하게 품어주는
엄마의 치마폭 같기도 했습니다

철없이 웃던 그 날의 봄
당신이 그랬던 것처럼
상추 가득 따 씻어 장만하고
그리움과 겸상합니다

능소화 연정

누구의 길 밝히려 내건 등불인가
담장 끝 초롱초롱 달려
주홍빛으로 타오르는 그 마음

누구의 그리움 넌출지게 엮었을까
초여름 햇살 나긋이 반겨
오래된 연민 곱상하게 매만진 모습

아침 산책길에 만난 능소화
바람 따라 시선 닿은 곳
사부자기 옛 추억도 피어나네

먼 기억 하나 바람에 그네 타며
초여름의 뜨락을 장식하니
가슴 시린 사연 하나 꽃으로 핀다

분갈이

시들시들 말라가던 난 화분
물만으론 어쩌지 못한 갈증이었나
관심에 굶주렸던 걸까
미더운 마음이 살며시 다가앉는다

살짝 뿌리를 들춰보니
화분 속 희뿌연 스티로폼 덩어리
겉만 그럴듯한 가짜 흙 속에
깊이 뿌리내리지 못한 채 버텼나 보다

조심스레 다른 화분에 옮겨 심어서
영양제도 하나 꽂아주고
햇빛 좋은 창가에 하루 이틀 지나니
금방 되찾는 기력이다

식물도 사람도 관심으로 돌봐줘야만
건강해지는 법
무시로 나눈 초록빛 그렇게 고운 줄
새삼스럽게 깨닫는다

햇살 옹알이가 정겨운 아침
푸른 인사로 더욱 환해진 거실
난의 조용한 회복에
이토록 눈부신 하루의 시작이다

감정을 세일 중

태생부터 손해 보는 삶의 격차
구질구질한 인생을 누군들 원했을까
오기로 버텨내기엔 세상이 버겁기만 하다

사랑은 과하게 부풀렸고
분노는 유통기한을 넘겨 썩어들어가고
미련은 리콜 대상인데도 끝내 회수되지 않았다

감당하지 못할 만큼 분열을 거듭하며
늘 과포장되어 유통되는 환급 불가의 감정들
처리하지 못한 재고의 진심을 세일하는 중이다

늦여름 무더위

매미 소리 요란한
움직임조차 버거운 오후 시간
아직 버티고 있는 늦더위에
끈적이는 공기가 온몸을 감싸네

가만히 있어도 흐르는 땀
꺾일 줄 모르고 무더위의 기세에
나른한 그림자 길게 눕고
시간마저 멈춘 듯 숨 막히네

그래도 저녁놀 붉게 물들면
가을의 숨결
산들바람에 느껴지려나
텃밭 붉은 고추 매운맛 들겠네

삼베 수의 한 벌

저승 옷 한 벌에 차곡차곡 쟁여놓는 한숨
가야 할 곳에 대한 예의인 양
풀 먹인 삼베옷의 매무새를 손질하신다

인생길, 들꽃 한 송이로 피었다 가듯
무명의 거친 결 개어 옷장에 넣으시던 모습에서
당신의 절기 너머가 엿보인다

어머니가 평생 견딘 날들의 까끌까끌한 솔기
죽음에 대한 정갈한 준비가
남겨질 자식의 서툰 사랑을 몸 둘 바 모르게 한다

자귀나무꽃

훤한 대낮에 남의 눈치 본다고
긴 속눈썹 곱게 단장하며
짐짓 딴청 피우다가
어둠 속에 부둥켜안는 농밀한 몸짓

은은히 퍼지는 향기는
마음에 평안을 이불보로 깔게 하고
근심일랑 잊으라며
보듬어 잠재우니 합환화 아니더냐

숨길 수 없는 것이 사랑일진대
자귀꽃 활짝 피어
겨운 마음 그리운 이에게 전하니
달빛 아래 함께 몸 누일 곳 어디일꼬

몽돌의 지혜

거제 바다 끝자락
파도 소리에 실려 온 몽돌들
세월에 씻겨
모난 흔적을 지워 둥글다

파도에 떠밀릴 때마다 와르르
명랑한 조잘거림이
삶에 찌든 마음 어루만지니
탁 트인 바다가 내 것이다

인연 또한 떠밀린 스침이건만
몽돌처럼 둥근 마음으로
서로에게 상처가 되지 않는
부대낌 속 조화로움이고 싶다

제5부

아등바등

무심의 틈

눈빛도 마주치지 않고 건네던 안부
같이 있으면 부담스럽고
멀리 있으면 허전한 묘한 거리감
침묵의 눈금이 오그라든다

서로를 이해한단 오만한 문장이 마뜩잖아
해석하지 않고 던져둔 서운함
체념처럼 넘기는 기대마저 허문 빈터에
무관심이 자리 잡는 낌새가 확연하다

툭툭 내던진 성의 없는 말
수시로 바뀌는 마음 문의 비밀번호
슬쩍 피한 손끝의 터치
사소한 신호들이 타인임을 확인한다

아프다는 말보다 무관심하다는 표정이
더 오래 기억에 남는 건
서로를 조용히 밀어내기 때문
무의식의 퇴적층에 무심이 쌓인다

까마귀와 까치를 대하는 생각의 재정립

검은 물결이 하늘을 덮는다. 차가운 새벽을 흔드는 까마귀의 울음, 우리는 오래도록 그것을 불길함의 징조로 읽어 왔다. 반대로 까치는 길조라 불렀다. 그러나 기다림의 은유였던 둥지는 이제 전깃줄 위에서 정전사고의 주범이 된다. 까마귀 또한 도심의 빌딩 숲에 깃들어 영리하게 살아남는다. 아이러니하다. 좋은 소식의 새와 흉조의 새, 둘 다 인간의 눈에는 유해 조류로 낙인찍혔다. 그들의 생태가 뒤틀린 것은 본성이 아니라 우리가 허문 숲과 빼앗은 하늘 때문이다. 까마귀의 울음은 불길이 아니라 경고일지 모른다. 까치의 둥지는 기다림이 아니라 폐해의 상징일지 모른다. 누가 진정 유해有害한 존재인가. 까마귀와 까치의 도시 침탈이 두려운 것이 아니라 우리의 탐욕이 더 두렵다.

기억의 늪

오랜 방황의 시간을 요약할 수 없으니
빈방의 쓸쓸함은 그냥 놔두기로 합니다

부평초처럼 어디에도 머물지 못하고
다만 눈물의 수위를 확인하곤 합니다
휩쓸리지 않으려고…

한 번도 서술한 적 없는 화인火印의 기억
혼자 감당해야 할 몫이라면 어쩔 수 있나요

총각무 예찬

흙 내음 품고 솟아오른
작고 단단한 몸매
총각무 한 단을 다듬는다
칼날 스치는 순간
사각사각 경쾌한 소리에
벌써 입맛이 동한다

와삭와삭 씹을수록 터지는
단맛의 시원함
입안에 번지는 초록의 풋풋한 향

베어 물때마다 아삭아삭
감칠맛 나는 소리에
귀도 즐겁겠지
여름 입맛을 깨우는 싱그러움
총각김치 담기에 신이 나
얼마 전 다친 허리 아픈 줄도 모른다

마음의 그늘

가슴 구석진 곳에 아련한 그림자로
그리운 이가 있다는 건
참으로 복잡 미묘한 감정이겠지

함께 걷던 계절의 아련한 기억들이
희미한 등불로 깜빡이며
내 안의 어둠을 밝히는 걸 보면

가슴 저미는 아픔이 스쳐도
떠올릴 수 있는 한때가 있다는 건
마음의 무늿결로 남는 것일 테지

아픔도 외로움도
오래 곁에 두면 친구가 된다는 걸
그대가 넌지시 알려주곤 해

다시, 첫발을 디디며

은빛으로 눈부신 새해의 창가
다짐은 단단했지만
마음 한구석엔 서리처럼 앉은 망설임
이번엔 다를 수 있을까

허물어진 작심삼일의 다짐들이
수없이 반복되었지만
마음에 굳은살 박이는 과정이라는
자기합리화로 거들어도 좋을…

마음먹은 대로 살 수 있는 것이 아닌
누구나 겪는 시행착오
작심삼일은 그리 책잡힐 일도 아닌
다반사의 일상일 테니

딛고 다시 일어서는 용기
잠시 멈췄기에 더 멀리 더 오래
마음 다잡아 실행하려
희망이라는 이름의 첫발을 딛는다

소소한 위로

따스한 햇살 창을 넘을 때
새로 내린 커피향 가득
별것 아닌 농담에도 터지는
오랜만에 만난 친구 웃음소리

이름 모를 풀벌레 작은 속삭임을
마음 기울여 듣고
길모퉁이에서 마주친 들꽃에
눈길 주면 충분히 아름다운 세상

뜨끈한 국물에 마음의 온기 나누고
밤하늘 총총한 별들 올려다보며
누군가의 작은 배려에
천천히 스미는 소박한 기쁨들

작은 위로의 친밀감으로
거창하지 않아도 좋을 잔잔한 행복
눈부시지 않아도
삶은, 그렇게 반짝인다

거제도 수국길

굽이진 해안도로 따라
수국들이 물결처럼 번져
보라, 빨강, 파랑
여름의 숨결로 피어오른다

갯바람에 실린 비릿함을 씻는
향기로운 꽃내음
윤슬 뒤척이는 파도 소리가
사랑 노래처럼 다정하다

차창 너머로 펼쳐지는
형언 못 할 아름다운 풍경들
거제도 해안로를 달리니
마치 꿈결 위를 노니는 것 같다

아등바등

아등바등 살아도 알 수 없는 인생
어디로 튈지 모를 럭비공처럼
정답이 없는 세상
오답의 질문으로 다음으로 넘긴다

모든 것 내려놓고 잠시 쉬고 싶어도
세상은 멈춤을 허락하지 않으니
허공을 딛듯
언제나 아등바등 살아간다

안간힘의 몸부림이 버겁겠지만
그래도 괜찮아
인생의 참 의미를 찾으며
오늘도 악착같이 살아낼 테니까

해당화, 연분홍 숨결로

다대포 바다 끝자락
바람이 붓 되어 그린 수묵의 여백에
아련히 핀 해당화 수줍다
꽃잎은 저문 해를 품은 입술
바다 빛 추억을 속삭이며
파도는 속내를 모래 위를 새긴다

향기는 오래된 편지
코끝에 닿는 순간 가슴이 젖는
잊힌 이름의 그대였을까

시간의 해변을 걷다가 마주한
꽃잎 속에 스민 환영
그리움의 체취에 울컥한다
이별도 노래가 되는 곳에서
고혹한 숨결로 피었다 지는 해당화
내 마음의 붉은 등불이구나

숨은 얼굴

마스크로 중무장한 군중
입꼬리의 진실을 가린 무대 위
말보다 많은 말들이 침묵 속에 숨는다

비밀로 감춰둔 눈물 한 방울
미처 마르지 못했는데
그 속엔 웃음이 살고 있을지도…
당신의 표정을 은연중 상상한다

가면극 변검의 주인공처럼
아무렇지 않게 표정을 바꾸는 순간
그 찰나에서 숨결의 진동을 듣는다

더 많은 상상을 가능케 하는
말하지 않은 말들과 웃지 않은 웃음
들키고 싶지 않은 적의까지…
작은 천 한 장 그 너머가 우주이다

미련한 호의

공항 입국장에서 무거운 들어준다는 호의가
마약밀수로

신용불량이라서 통장을 잠시 사용하겠는 통사정 모질게
거절하지 못했다가
범죄 수익금 은닉처나 돈세탁으로

심부름 아르바이트라고 해서 지시대로 일해 줬을 뿐인데
보이스피싱 운반책으로

꼬박꼬박 받아먹는 고수익 포인트에 현혹되어 주변 사람
들 끌어들였다가
다단계 사기행각의 동원책으로

인간적인 호의를 교묘하게 이용하는 못된 인간들 때문에
어쩌다 보니 범법자

당구장에서

지인 따라나선 당구장이라는 낯선 공간에
초록 융단 위로 빛나는 조명
탁탁, 부딪히는 당구공 소리 경쾌하고
한순간의 집중으로 당구봉 끝에 실린 시선
계산했건만, 삶처럼 궤적은 늘 예기치 못한다

성공과 실패 사이를 오가는 숨죽인 침묵
노란 공은 포켓 속으로 사라지고
스치듯 비켜 구르는 빨간 공
신중히 가늠하는 가능성의 방향에 따라
순간마다 환호성과 탄식이 교차한다

결과에 연연하지 않는 집중과 몰입 속에서
나도 모르게 피어나는 웃음꽃
그것이면 족하지 않을까
인생 역시 적중하기도 빗나가기도 하는
게임의 일부가 아닐까 싶다

가을을 스케치하다

가을볕에 익어가는 과일
맵시가 제법이고
풀벌레 연주하는 달빛소나타에
알밤으로 쏟아내는 박수

길섶에 오롯이 달빛으로 핀
산국(山菊)의 향취에
어제보다 더 그윽해진 들녘
단풍은 밤새 더욱 곱다

이따금 불어오는 건들바람에
시나브로 피어난 들꽃
갈참나무잎의 마른 박수가
적잖이 당황스럽다

봄의 약속

나뭇잎 틈으로 속삭이듯 내려앉는
요염한 햇살
귓불을 간지럽히며 감정을 흔드는
상쾌한 바람
어디선가 날아온 감성의 포자들
가슴 언저리에 살포시 내려앉으니
말간 사랑, 조심스레 움튼다

꽃향기 숨결 따라
닫혔던 마음 살포시 열리고
잊고 있던 두근거림의 박동 여전하니
설렘의 다른 이름으로
굳게 닫힌 겨울의 빗장을 벗겨내면
환하고 따뜻한 햇볕
생명의 신비 담긴 씨눈이 툭툭 터진다

통도사, 능소화의 설법

초여름 무더위에도 아랑곳없이
한 송이로는 모자라 무더기로 올망졸망
이리도 한껏 피어 담장을 감싸 안을까

초록빛치맛자락 바람에 흔들릴 때마다
닿지 못할 마음 끝자락에서 쏟아지는 주황빛
천년 사찰이 수채화로 담긴다

전할 수 없어 더 간절하고 지순한 마음
알아주지 않는다고 그 깊이 얕을까나
비록 혼자만의 애타는 연모일망정 후회 없다

통도사 약사전 뒤꼍에 즐비한 능소화의 낙화
도달할 수 없음조차 인연이라 여기는
비움과 채움이 자연의 이치임을 설법하고 있다

열대야

열린 창엔 바람의 기척도 없다

끈적한 열기 속
잠은 모래알처럼 서걱거리고
느린 시계만
새벽을 향해 더디게 끌려간다

갱년기 불덩이까지 더해
헐떡이는 숨
쉬이 잠들지 못하고
별 하나 없는 하늘을 탓한다

도시 불빛 휘황하니
더 뜨거운 밤
모깃불 피워놓고 멍석 위에서
스르르 잠들던 때가 그립다

정진精進의 마음

좌선으로 들여다보는 마음의 적요寂寥
번뇌의 뒤척임이 가라앉고
어둠을 사르는 빛 무아無我에 닿는다

숨을 고르며 호흡에 집중할수록
세속의 소음은 물러나고
저 홀로 열리는 길이 환하다

안개 같은 욕심이 걷히고
산사의 일상이 법문으로 읽힐 때
지극히 평범한 진리로 부처께서 나투신다

수행은 하심下心으로 흐르는 강물
사소한 덕의 실천이 오늘의 공덕이 쌓여
무시로 비워내는 욕심이다

일상적 언어로 엮어낸 삶의 문양

문영길

[시인. 부산예총 문학 자문위원]

✍ 들어가며

김세련 시인은 필자와 오랜 문우로서 문학의 여정을 함께해 온 동지라 하겠다. 첫 시집 『생각의 서랍』에서 이미 보여준 바와 같이 삶의 그늘을 응시하며 언어를 통해 빛을 길어 올리는 능력을 지닌 시인이었다. 이제 두 번째 시집 『아주, 낭만적인 고독』에 이르러 그 문학적 지평은 한층 더 단단해지고 넓어졌다. 부족하나마 김 시인의 시 세계를 진단하고 공감의 통로를 여는 일이 맡겨졌으니 필자에게는 영광스러운 과제이다.

이번 시집에 담긴 작품들을 펼쳐보면 김세련 시인이 인간의 내면과 사회적 현실, 그리고 관계와 감정의 층위들을 얼마나 섬세하고 정직하게 포착하고 있는지 확인할 수 있다. 결핍에서 갈망을 끌어내고 상처에서 치유의 가능성을 발견하며 일상의 언어를 독창적 은유로 전환하는 데는 체험에서 우려내는 진솔함이 근저에 있다고 본다.

시집에 등장하는 일상의 평범한 사물과 장면들을 통해 "아주, 낭만적인 고독"이라는 조금은 비대칭적인 비유가 삶의 이면을 직관적으로 드러내며 삶의 빈틈과 부재가 주는 허전함을 외면하지 않고 그 결핍을 갈망과 상상력으로 전환하는 과정에서 자신만의 고유한 시적 질서를 구축해 나가고 있다.

중견에 접어드는 필력이 이제 자신만의 문학적 색깔을 분명히 세워나가고 있으면서도 그 바탕에는 늘 신인의 겸허함과 초심이 깃들어 있다. 늘 '처음 쓰는 자'처럼 언어에 대한 경외를 잃지 않는 마음가짐이 시에 늘 새로움을 불어넣는 원동력이라 할 수 있다. 유명 시인들이 강조해 온 바와 같이 시란 언어 이전의 침묵을 견디는 힘에서 비롯된다. 김세련 시인의 시 역시 그러한 침묵과 마주한 뒤 길어 올리는 과정에 충실한데 몇 편의 시로 확인해보기로 하자

✍ 관계의 균열, 그리고 재설정의 서사

김세련 시인의 작품에서는 관계와 언어가 늘 긴장의 중심에 있다. 「관계를 재설정합니다」와 「말의 아픔」 등에서는 소통과 단절, 오해와 화해의 과정을 섬세하게 포착한다.

다 써버린 배터리로
제 때에 수신되지 않는 통보

주파수는 뒤섞이고
생생한 언어는 자꾸 시든다

오래 사용했던 전자기기처럼
버퍼링의 머뭇거림
관계란 완벽한 연결이 아니라
잦은 오류를 인정하는 일이디
모든 걸 지우는 초기화
화면에 이름을 다시 입력하는
인식의 전환
그와의 관계를 재설정합니다

- 「관계를 재설정합니다」 전문

언어는 때로 폭력이 되고, 때로 치유가 된다. 시인은 인간적 긴장을 디지털 용어와 일상적 이미지로 풀어내어 독자가 쉽게 공감하도록 하는 과정에서 시인은 인간관계의 불완전함을 인정하고, 재설정의 가능성을 모색한다.

관계의 본질을 예리하게 짚어 인간관계는 항상 오해와 충돌을 수반하며 그것을 인정할 때 비로소 진정한 관계가 성립된다고 하고 있다. '배터리', '버퍼링', '초기화' 같은 전자기기 용어를 관계의 은유로 녹여내 일상적 기기의 작동 방식과 인간관계의 불완전성을 병치한 김세련 시인의 독창적 묘사가 현대적 삶에서 타인과 맺는 관계의 본질을 성찰하게 한다.

또한 「말의 아픔」은 시각과 촉각적 비유로 언어의 폭력성을 형상화해 익명의 비방과 소문이 개인에게 가하는 상처를 다룬다.

"칼날처럼 벼린 익명의 비방 / 가슴 깊이 파고든 날카로운 통증"이라는 구절은 언어가 단순한 소통의 도구가 아니라 때로는 치명적인 무기가 될 수 있음을 경고한다. '유배지까지 밀려온 짭조름한 소문'이라는 비유는 파도처럼 밀려드는 소문에 휩쓸리는 존재의 고립을 상징해 현대 사회의 왜곡된 소통 현실을 압축적으로 드러낸 작품이다. 현대 사회에서 언어는 소통의 도구이자 동시에 폭력의 무기가 된다. 그 예로 흑백논리로 편 가르는 일부 유튜버들의 폐해를 요즘 너무 절실히 체감하고 있다. 시인은 이러한 이중성을 비판하며, 언어와 인간관계의 본질적 문제를 낱낱이 드러내 사회적 비평을 통한 객관적 분별을 도와야 한다.

'아물지 못한 상처가 따갑'더라도 때론 폭력이 되고 때론 치유가 되는 언어의 선택과 적용에 깊은 고민이 필요한 요즘이다.

✍ 생활 속 향기와 기억의 노래

일상 속에서 발견한 서정이 어떻게 우리의 삶과 결부되어 있는지 「고등어 구이집」에서 살펴보기로 하자.

석쇠 위 고등어가 벗어낸 비린내를 살짝 태운다

실한 갈비뼈에 갇힌 통통한 살점들
바다의 푸른 등이 노릇노릇 노을빛으로 익는다

막걸리 한잔에 불콰하게 피는 수다스러움
시는 시만 이야기하고
사랑은 사랑만 이야기하고
이별은 이별만 이야기하느라 바쁜,
섞이지 못한 목소리 속에서
용케도 대화의 흐름은 끊기지 않는다

그 무엇보다 더 뜨거운 한 토막의 살점
바다의 푸른 등에서 읽어내는
생의 절절함이 맛있게 구워지고 있다
엉겁결 석쇠 위에서

-「고갈비집」전문

이 시는 고등어라는 서민적 음식의 이미지에서 출발한
다. "푸른 등이 노릇노릇 노을빛으로 익는다"라는 바다의
이미지를 형상화해 불판 위에 올려놓고 '그 무엇보다 더 뜨
거운 한 토막의' 고등어의 살점처럼 구워내는 인식은 탁월
하다.

또한, 시인은 술자리의 대화를 '시는 시만 이야기하고 /
사랑은 사랑만 이야기한다'라고 표현해 무리의 대화가 각
자의 섬처럼 흩어져 연결되지 않는 것 같지만 묘하게 관계
의 흐름이 연계되어 있음을 병치하여 인간의 단절과 소통

을 동시에 묘사한다.

필자도 예전 광복동 뒷골목의 고갈비집을 두루 섭렵한 관계로 이 시를 접하면서 기억의 한 부분이 짜르르 전율하는 것은 기억 속에 잠재된 감각을 통해 그때의 의미를 되새김하는 매개가 되었기 때문일 것이다. 가난한 주머니가 세상의 불평등을 토로하고 청춘의 호기로움으로 감히 인생을 논하며 호기롭게 취할 수 있었기에 부산의 독자라면 누구나가 후각적인 시각적인 감성으로 비록 고등어이지만 갈비를 뜯는 포만의 공감을 할 수 있을 것이다.

이처럼 김세련 시인은 일상의 표정에서 삶의 맥락을 읽어내는 재주가 특별하다.

이 시에서 눈여겨볼 부분 중 하나는, 가끔 보면 시에 문자부호가 난립되어 있거나 올바르게 사용되지 않는 것을 볼 수 있는데 '이별은 이별만 이야기하느라 바쁜,'에서 딱 한 번 사용된 쉼표의 의도가 왁자지껄한 가게의 내부풍경에서 화자의 내면적 관찰로 전환하고 있는 걸 알 수 있다. 내키는 대로 찍어버리는 쉼표는 여백의 상상이 머무는 것이 아니라 글의 맥락을 단절시킨다는 점에서 시인의 내공을 엿보게 되는 대목이다.

✍ 결핍에서 길어 올린 갈망

김세련 시인의 작품에는 결핍에서 비롯된 갈망이 자주 등장한다. 여기서 말하는 결핍은 단순한 부족이나 상실이 아닌 인간 존재의 근원적 결핍이며 그로 인해 더욱 치열하게 삶을 붙잡고자 하는 욕망을 뜻한다. 목마름(결핍)이 우물을 깊게 파고 그 안에 고이는 맑은 갈망의 물을 길어 올린다. 독자는 시를 읽는 순간, 그 결핍이 삶을 팽팽하게 긴장시켜 극복의 계기가 될 수 있음을 느끼게 된다.

세파에 시달려 본 사람만이 어둠 저편에서 저벅저벅 걸어오는 새벽의 발걸음 소리를 들을 수 있는 것처럼 시인의 언어는 상실에서 피어난 꽃과도 같다. 고통이 길러낸 감각은 날카롭고 비감하지만 동시에 따뜻한 공감으로 독자에게 자신의 정직한 내면과 마주 보게 한다.

결핍에서 비롯된 갈망을 단순히 개인적 체험에 머무르게 두지 않고 보편적 경험으로 확장하여 독자에게 다가가는 중요한 요인으로 작용한다.

> 비탈진 곳에 눌러앉은 가난
> 노상 관절염을 달고 사는 산동네 골목길은
> 노인의 주름처럼 침침하고 허전하다
>
> 낡은 담벼락 너머로 가래 끓는 소리
> 다닥다닥 붙은 집들은
> 서로가 측은해서 어깨를 토닥이곤 한다
>
> 허물어진 담 너머로 엿보이는 누군가의 하루
> 기진한 표정의 귀가를
> 김치찌개 냄새가 마중 나온다

골목 어귀의 작은 화분에는
이름 모를 꽃이 위로한답시고 피니
그나마 허전함이 덜하다

어둠이 내리는 산허리 비탈마다
듬성듬성 켜지는 불빛이
이빨 빠진 노인처럼 히죽거린다

　　　　　　　　　　　 - 「비탈에 심은 꿈」 전문

　우리가 흔히 산동네라고 칭하는 곳의 풍경을 통해 사회
적 현실과 인간적 연민을 애잔하면서도 생생하게 묘사하
고 있다.
　비탈이란 이미 기울어져 있는 고통의 오르막이거나 실
의의 내리막으로, 노년을 대비하지 못하고 경쟁에서 밀려
나 소외된 노인의 삶으로 형상화하고 있다. 그러면서도 철
옹성 같은 고립의 담을 쌓는 부富보다는 '서로가 측은해서
어깨를 토닥'이며 훤히 보이는 상처를 보듬는 정으로 고단
함을 견디는 이들에 대한 연민이 생의 신성함을 엿보게 한
다.
　'노상 관절염을 달고 사는 산동네 골목길'에서 마중 나오
는 김치찌개, '이빨 빠진 노인처럼 히죽'거리며 '듬성듬성
켜지는' 산허리의 불빛'의 의인화는 어떠한 삶도 존재의 당
위를 함부로 재단할 수 없다는 시인의 항변이기도 하다.
　김세련 시인의 시가 지니는 힘은 독창적 은유와 비유에

서 비롯된다. 일상 속에서 건져 올린 구체적 사물과 이미지를 시적 언어로 형성한다. 위의 「비탈에 심은 꿈」에서 보듯 은유란 단순히 장식적인 수사가 아니라 삶을 새롭게 해석하고 독자에게 전혀 다른 시각을 열어주는 창과 같다.

독창적 은유를 통해 우리가 익숙하다고 믿는 세계를 낯설도록 상상력을 발현하는 것이 문학의 본질적 기능이기도 하다.

예를 들자면 「생각의 창문을 내다」에서는 '닫힌 문'과 '열린 창문'이라는 대비적 이미지로 "마음먹기에 따라 / 빛과 바람을 초대하기도 거부할 수도 있는" 열린 내면의 모순적 이중성을 창문으로 비유하였으며 「감정을 세일 중」은 소비사회와 감정의 상업화란 독창적 발상으로 '환급 불가'의 현대인의 감정이 어떻게 소진되고 왜곡되는지를 보여준다.

이처럼 개인이 감당해야 할 내적 고통을 상징화하여 존재의 본질을 직시케 하는 철학적 사유가 시인의 시 세계를 단단하게 구축하고 있어 읽을수록 다층적인 의미를 발견하는 재미를 독자에게 주고 있다.

✍ 초록빛 암시와 희망의 뿌리 내림

시들시들 말라가던 난 화분
물만으론 어쩌지 못한 갈증이었나
관심에 굶주렸던 걸까
미더운 마음이 살며시 다가앉는다

살짝 뿌리를 들춰보니
화분 속 희부연 스티로폼 덩어리
겉만 그럴듯한 가짜 흙 속에
깊이 뿌리내리지 못한 채 버텼나 보다

조심스레 다른 화분에 옮겨 심어서
영양제도 하나 꽂아주고
햇빛 좋은 창가에 하루 이틀 지나니
금방 되찾는 기력이다

식물도 사람도 관심으로 돌봐줘야만
건강해지는 법
무시로 나눈 초록빛 그렇게 고운 줄
새삼스럽게 깨닫는다

햇살 옹알이가 정겨운 아침
푸른 인사로 더욱 환해진 거실
난의 조용한 회복에
이토록 눈부신 하루의 시작이다

– 「분갈이」 전문

　위의 시는 시든 난 화분이 새로운 환경 속에서 되살아나는 과정을 통해 인간의 삶과 내면 회복을 은유적으로 표현해 관심과 사랑을 필요로 하는 존재로서의 인간을 상징하고 정서적 돌봄과 진심 어린 관심이야말로 삶을 지탱하는 진정한 영양분임을 일깨운다.

"희뿌연 스티로폼 덩어리"처럼 겉만 번듯해 보이는 삶의 조건, 혹은 허상으로 채워진 관계를 뿌리를 내리지 못한 채 버텨온 난의 모습으로 투영하여 삶의 본질적 토양을 잃은 인간의 위태로운 처지로 형상화한다. 그러나 화자는 돌봄의 행위를 통해 생명력의 회복 가능성이 희망의 뿌리 내림을 암시한다.

마지막 연에서 "난의 조용한 회복에 이토록 눈부신 하루의 시작"이라고 노래하는 대목은 시든 화분 하나가 되살아나는 모습 속에서 인간 삶의 재생과 희망의 원리를 읽어내고 그 초록빛은 단순히 식물의 푸르름이 아니라 삶과 관계, 그리고 존재의 내면에 뿌리내리는 희망의 색채라 말하고 있다.

「분갈이」가 전하는 가장 큰 울림은 무관심의 토양에서 시들해진 관계를 새롭게 분갈이하듯 이기적 배타적인 현대인에게 관계의 생기를 되찾고 뿌리내리도록 종용하는 것이라 하겠다.

✍ 나가며

김세련 시인의 시는 궁극적으로 소통을 지향한다. 독자와의 공감, 삶과의 화해를 추구하는 소통의 과정에서 "아주, 낭만적인 고독"을 감수한다. 시적 언어를 빚어내는 고독이 문학적 원천이며 그 속에서 울려 퍼지는 목소리는 더욱 진실하다.

시가 자기만의 울타리에 갇혀 독백으로 머무는 것을 경계하며 독자가 자신의 삶을 투영할 수 있도록 삶의 다양한 표정을 응시하고 그것을 시적 은유로 치환하는 능력은 이미 성숙한 시인의 면모를 보여준다.

문우로서 필자가 가장 크게 기대하는 점은 김세련 시인의 시가 앞으로도 더 넓은 독자층과 만나며 그 울림을 확산시킬 수 있으리라는 가능성이다. 이 두 번째 시집 『아주, 낭만적인 고독』을 통해 보여줄 언어의 힘은 충분히 그러한 확장의 여지를 담보한다. 혼란과 불확실성 속에서도 시로써 삶을 증언하고 치유할 수 있다는 믿음, 그것이 이 시집이 던지는 가장 큰 선물이다

앞으로도 소통과 고독이라는 두 축을 바탕으로 타자의 세계로 건너가는 다리를 놓아 독자에게 더욱 깊은 울림을 전해 줄 것이란 믿음으로 새롭게 써 내려갈 또 다음 장을 벌써 궁금해하며 응원을 보낸다.

김세련 시집
아주, 낭만적인 고독

인쇄: 2025년 9월 3일
발행: 2025년 9월 10일

지은이: 김세련
펴낸이: 최경식
펴낸곳: 청옥출판사
인쇄처: 세종문화사

출판등록 제10-11-05호
E-mail: sik62001@hanmail.net
전화: 051-517-6068
값: 12,000원

ISBN 979-11-91276-85-5 03810

본 도서는 2025년 부산광역시, 부산문화재단〈부산문화예술지원사업〉으로 지원을 받았습니다.